Impressum
Störfallbeziehung
Stand Dezember 2016
published by epubli GmbH, Berlin
www.epubli.de

Zum Nachahmen nicht empfohlen. Zum Nachdenken allerdings. Das Thema „Beziehungsfalle" wäre nie als Publikation geboren worden, hätte mein weibliches Gegenüber nicht ein Drittel unseres gemeinsamen Privatlebens bei meinem Chef ausgeplappert. Nun, ein Drittel wusste er eh von ihr, als sie sich in unserem Sozialbetrieb als Büchermamsell bewarb. Aller guten Dinge sind drei. Das übrige Drittel, das den Vierjahreskreis dieser unsäglichen Beziehungskiste schließen wird, mag noch ein paar vorenthaltene Schmackes bereithalten. Schön durchwachsen mit populärwissenschaftlichen Hinweisen soll es der Leserschaft dabei nicht langweilig werden. Macht es euch bequem und seid life dabei im Strudel beziehungsmäßiger Interaktionen, die an einen Pakt mit dem Irresein erinnern. Dabei sind Ähnlichkeiten mit noch lebenden Personen nicht zufällig.

Jedes Verhalten hat seine Ursache – so die Empirie unserer Verhaltensforscher. Und Vieles im Verlaufe unseres Menschenlebens geht seinen eigenen Weg, wie das Wasser eben den Berg hinabläuft. Einfach haben es diejenigen Zeitgenossen, die Ereignisse und Erfahrungen lapidar mit karmischer Fügung deklarieren und in astrologische Vorbestimmtheit einpacken. Darüber hinaus gibt es noch die Meinung, dass alles seinen Sinn hat und Gott schon weiß, warum er uns so gelenkt hat.

Gescheiterte Beziehungen können aber auch Lernprozesse für Weiterentwicklungen sein. Aber um welchen Preis? Um jeden? Ich habe dabei so viele Schlagstellen bekommen, welche zahlenmäßig einer psychischen

Verschrottung gleichkommen. Überdies war ich mit meiner dadurch umgebenden Dünnhäutigkeit außerstande, eine so problematische und unberechenbare Partnerschaft über weitere Jahre hinaus in mühevoller Kleinarbeit so gerade zu biegen, dass sie für beide Teile wenigstens einigermaßen erträglich werden könnte. Es musste „den Bach runtergehen".

Oder anders herum: Fange dir nichts mit psychisch Kranken an, die sich ihre Rechtfertigungen von der bejahrten Mutter und aus dem Freundeskreis holen, der bei meiner Expartnerin Monte aus Frauen mit psychiatrischem Krankheitsbild besteht. Inter pares. Das stärkt auf jeden Fall den Rücken und bestätigt eigene Sichtweisen, wenngleich diese noch so verrückt anmuten. Grundsätzlich können wir mit einem solchen Krankheitsbild nichts anfangen, wir können nicht damit umgehen, es sei denn, wir verfügen über eine entsprechende Ausbildung, die uns manches zu erklären versucht. Sollen wir dennoch den Therapeuten spielen? Nein! Denn es kann nicht funktionieren – vor allem nicht in einer Partnerschaft. Diese hat zwar Ecken und Kanten. Im Gesamt gesehen jedoch darf es sich nur um Störfälle handeln, die gemeinsam behoben werden können. Andernfalls ist der Ausstieg aus der Beziehung zwingend, damit sich wenigstens der unbelastete Partner in psychischer Hinsicht schadlos halten kann. Anders verhält es sich mit einer externen Hilfestellung. Dass eine derartige Beziehung dennoch bestehen kann, beweisen Fälle, die auch in der Literatur ihren Niederschlag finden. Bei Familien mit einem psychisch kranken Mitglied gestaltet sich der Fall schon wesentlich schwieriger. Bisher erfolgreiche Aufbauarbeiten lassen sich nicht einfach auseinanderpflügen. Hier ist unbedingter Zusammenhalt gefordert als verantwortlicher Garant. Hier besteht eindeutig moralische Verpflichtung, sich gegenseitig zu helfen. Was für viele ein Trost sein mag: Trotz einer schweren psychotischen Erkrankung scheint eine Partnerschaft händelbar, was ihr in dem Buch „Psychose und Partnerschaft" (BEITLER, H. u. H., Bonn, Psychiatrie - Verlag, 2000) nachlesen könnt.

In eine psychische Deformation einsteigen? Ich würde dies nie mehr tun, weil ich mir gesundheitlich mehr geschadet habe als es mir Freude bereitet hat. Diese Einstellung gehört zum gesunden Egoismus. Ich würde künftig nie mehr eine Partnerin zu meinem Lebensmittelpunkt erhöhen, von der ich weiß, dass sie vom negativen Selbstbild geprägt ist und permanent in ihrem gedanklichen Jammertal täglich Achterbahn fährt. Vom Einfluss einer solch gefährdenden Beziehung bleibt ein Partner nicht verschont. Es ist dann nur eine Frage der Zeit, wann der Dämon des Krankwerdens auf ihn überspringt. Die Beziehung, von der ich erzähle, ist eine Baustelle mit Endloscharakter.

Eine Beziehung, die innerlich nicht glücklich macht, muss beendet werden, bevor es zu spät ist und das Loch, in das ich bereits kurze Zeit danach gefallen bin, so tief wird, dass es mich verschluckt. Dass die vergangene Beziehung mit großen Komplikationen verknüpft sein wird, das war mir von Anbeginn so klar wie die Sicht ins Gebirge bei schönem Wetter. Dass sich die Irrlichter förmlich vervielfachten – damit hatte ich allerdings nicht gerechnet. Belastend als Mosaik der aneinandergesetzten Steinchen ungewohnter und nicht nachvollziehbarer Verhaltensweisen. Was anfangs neuartig war und durchaus originell wirkte, zeigte sich schon im Verlaufe der ersten Wochen als psychische Belastung, wobei mir nie ganz klar wurde, welche Aufgabe ich in dieser Narrentümelei zu erfüllen hätte.

Welche Dramatik in einer Zweierbeziehung, in der ich mir jedes Wort überlegen muss, bevor es den Mund verlässt. In rückwärts gewandter Konzentration versuche ich immer noch zu erklären, welcher Verblendung ich auf den Leim gegangen bin. Was war so reizvoll, dass ich dem glattgehobelten Käfig einer unternehmungslustigen Vorbeziehung entsprungen bin? Möglicherweise – und dieser Verdacht scheint sich zu bestätigen – ist es meine ständige Suche nach etwas Neuem, gepaart mit einer schädlichen Portion Eigensinn und einem Schuss eingleisigen Denkens.

In der aktuell beschriebenen Partnerschaft, die ich gar nicht so betiteln darf, war ich lediglich in der Position einer ohnmächtigen Marionette, an deren Fäden das krankmachende Gegenüber zog, so wie es dem facettenreichen Krankheitsbild gefiel. Dabei wurde mir zunehmend bewusster, dass die Partnerin mit einer geballten Bosheit und Schikane ausgestattet war, was sich zwischendurch im Gesicht dieser oft befremdlich wirkenden Frau als äußerst unbehaglich abzeichnete.

Es liegt mir fern, ein Buch mit chronologischer Abfolge zu schreiben. Ich texte so, wie es aus meiner Erinnerung kommt, versuche aber, den für die Leserschaft wesentlichen Zusammenhang zu wahren. Leserinnen wie Leser sollen meine „Beichte" auf sich wirken lassen und für Kommendes ein Gefühl entwickeln als künftige Entscheidungshilfe für ein Ja, ein Nein oder ein Vielleicht.

Wie alles anfing? Als Sozialpädagoge in einem Projekt in Nordrhein – Westfalen beschäftigt, bin ich neben meinem Schwerpunkt, mit Mitarbeitern auf Außenstellen zu arbeiten, damit befasst, arbeitsvermittelnde Tätigkeiten zu erledigen und damit den Känguruhsprung, in den ersten Arbeitsmarkt zu verhelfen, zu erhöhen. So werden mir bei Neueinstellungen die Unterlagen der Klienten zur Sichtung, Umgestaltung, Berichtigung und Ergänzung „zugeschoben". Es geht um Lebensläufe. Eine Arbeitsstelle zu bekommen ist oft eine Glücksfrage. Es kam zu Neueinstellungen. Darunter war auch ein Bewerbungsset von Frau Monte Cavallo. Sie zeigte sich auf einer Schwarzweißkopie ihres Lebenslaufes mit einem fröhlichen, ansprechenden Gesicht, und ich hatte das Gefühl, dass sie mich anlachte – eine sympathisch anmutende Frau im Alter von 49 Jahren. Die Neuordnung der eingereichten Unterlagen ergänzte sich durch ein persönliches Gespräch, das ich mit Frau Cavallo in meinem Büro recht salopp und locker führte. Damals war ich noch verbandelt mit einer Hauptschullehrerin, die mich mit Annehmlichkeiten wie abwechslungsreichen Unternehmungen und größeren Urlaubsfahrten umgarnte. An einen näheren Kontakt mit Frau Cavallo hätte ich nie gedacht, da ein „unfertiges" Angebot auf Hartz IV – Niveau in meinem Alter sowieso außer Frage stand. Ich glaube, dass es tatsächlich meine durchgängig gutgelaunte Art der Begegnung war – wie es mir Frau Cavallo später gestand – als Anlass dafür, mich zu mögen und darin eine Chance zu sehen, mit einer Freundschaft bestimmten Tiefs zu entkommen.

„Darf ich vorstellen? Das hier sind unsere neuen Mitarbeiterinnen. Frau hm hm hm und Frau Cavallo." Unser Chef sorgte da immer für konsequente Korrektheit. Es könnten ja auch Kundschaften sein; schließlich bin ich nicht immer im Betrieb. „Hallo, wir kennen uns schon", wieherte Frau Cavallo von sich. Dass diese von Herzen kommende Begrüßung der Anfang vom Ende einer Liebesbeziehung werden sollte, blieb uns damals verborgen.

„Seid ihr wieder mal alle in der Werkstatt versammelt?" (Monte), wobei ich mich dazu gesellte und im Stehen meine Kaffeetasse in der Hand hielt. „Sind wir per du – ich heiße Monte". So sprudelte es aus dem Munde einer großkalibrigen Frau mit einem nicht unbeträchtlichen Körperumfang. „Das muss ich mir noch überlegen", erwiderte ich ihr. Die anderen sahen mich staunend an. Was hat denn die für einen schwangeren Bauch, der nicht schwanger sein konnte? Die Ursache musste eine andere sein. Ich habe Monte nicht danach gefragt. Wie ich später von ihr erfuhr, lag dies an der Tabletteneinnahme. Was mir als stinknormaler Sozialpädagoge nicht bekannt war: Psychopharmaka deformieren.

„Kannst du mir die beiden Bücherkisten in den Keller tragen?" Der Test ging pleite. Mein Kommentar: „Ich mache so viel für meine Freundin. Tut mir leid." Enttäuscht schleppte Monte die beiden Kisten selbst die Treppe hinunter. Das muss man wissen: Dort war unser Reservemagazin.

Um wenigstens ein Bild von mir zu haben, musste ein Foto in unserer Mitarbeitergalerie im Aufenthaltsraum herhalten. Ich habe derartig Ähnliches schon mal erlebt – das ist schon 25 Jahre her – dass von einer jungen Mitarbeiterin Tagebuch geführt wurde. Die gegenseitige Zuneigung mündete damals in eine feste Beziehung.

Wir achten zu wenig auf Signale, die auf eine entstehende Liebe hindeuten. Dass damit Beziehungsfallen mit gesundheitsschädlichen Folgen verbunden sein können; daran denken wir nicht. Ins Schlepptau seelischer Depression hatte ich mich begeben. Ein dreimaliger Versuch als Neustart mit anderen Vorzeichen, darunter unzählich vorübergehendes „Abschiednehmen", sollte es werden. Alle drei Anläufe mussten scheitern, weil unsere Welten nicht kompatibel gemacht werden konnten, es sei denn, der Partner ist imstande, seiner Liebschaft in emotionaler Abhängigkeit und Engelsgeduld mit Hoffnung auf eine Besserung hinterherzuhinken. Nebenbei bemerkt: Nach dem ersten Scheitern nach neun Monaten war ich sechs Wochen lang krankgeschrieben. Ich will jetzt aber nicht vorgreifen.

„Unser Sozialpädagoge – wann kommt der wieder? Ich habe ihn schon lange nicht mehr gesehen", wieherte Monte ins Leiterbüro. Sorge hatte sie sich vor allem gemacht wegen meines Auges. Aufgrund körperlicher Anstrengungen bei der Sanierung eines Ferienhauses in Ungarn war ein Riss hinter dem Augapfel entstanden, festgestellt bei der Spiegelung des Hintergrundes wegen Diabetes. Das „geschossene" Laserfoto in der Arztpraxis ließ ich mir auf mein Stick kopieren. Diese Außergewöhnlichkeit ziert seitdem den Desktop meines Laptops. Fazit: Zu den ohnehin schon einzunehmenden Tabletten gesellten sich jetzt Augentropfen, die zweimal eingeträufelt, den Augendruck regeln.

Viel habe ich von Monte nicht gewusst, da ich grundsätzlich unbefangen und ohne Vorbehalte in eine neue Beziehung einsteige. Wir sprachen auch nur sporadisch miteinander. Ich wusste, dass sie an die sechs Freundinnen hatte mit unterschiedlichem Bedeutungsgrad. Ich wusste, dass sie mich gerne sah und sich jedes Mal darauf freute. Sie lebte im „Betreuten Einzelwohnen" und wurde wöchentlich einmal für eine Stunde von einer begleitenden Sozialpädagogin aufgesucht, die auch Kontrollfunktionen in ihrer Wohnung ausübte. Was sich meiner Kenntnis entzog, war die Mutter als Abladeplatz für Probleme, die Monte aufgrund ihrer kindlichen Unfähigkeit nie zu lösen versucht hat.

Für eine MAW – Stelle (1,50 € / Stunde) zusätzlich zur Miete mit Nebenkosten, Heizung und Hartz IV – Lebenssold hatten wir gemeinsam eine Empfehlung für das Jobcenter abgefasst. Die Beschäftigung in einem Multikulti Hort trat sie auch an. In meinem Büro fühlten wir bereits den gemeinsamen Draht, der sich in unserem

Innern zum Glühen brachte, während wir sehr nah beieinander saßen. Um eine Konsequenz in die Abfassung des Schreibens zu bringen, wurde ich kurz energisch, was Monte nachträglich als positiv bewertete. Ich habe Monte generell zu wenig angeschubst. Es ist jedoch nicht im Sinne einer funktionierenden Beziehung, permanent anzuschieben. Derartige Versuche in der späteren Beziehung scheiterten sowieso kläglich, weil ich sofort von Monte gestiefelt wurde, ehe ich mich überhaupt aufrichten konnte.

Am Schicksalstag saß ich in einer Außenstelle. Mein Telefon war defekt. Von einer Mitarbeiterin erfuhr ich, dass Monte ihren letzten Arbeitstag hatte. Zu gerne hätte sie sich von mir persönlich verabschiedet. Im Büro erkundete sie meine Erreichbarkeit. „Ich mag ihn so gerne" (Monte). Prompt betrat Monte unsere Filiale. Ihr freudiges Gesicht bleibt in meiner Erinnerung. Sie öffnete ihren Rucksack und packte Kleinigkeiten aus – Geschenke, die sie mit Liebe für mich in ihrer Wohnung zusammengesucht hatte: etwas über das Tierkreiszeichen Stier, ein Tuch mit aufgedruckten Seemannsknoten, ein Acrylsternchen als Glücksbringer und andere Dinge. Währenddessen saß sie neben mir und ich fühlte ganz deutlich, dass es für sie Glück bedeutete, mich neben sich zu haben. Nur ihr zuliebe verspeiste ich als Diabetiker die mitgebrachte Rumkugel. Wir unterhielten uns und vergaßen darüber die Zeit. Ihre mitgebrachte Digitalkamera kam fleißig zum Einsatz. Auf einem der Fotos ist sogar die Uhrzeit vom Beginn der glücklichen und zugleich verhängnisvoll werdenden Begegnung festgehalten. Mein Gefühl sagte mir, dass es die Endstation meiner Beziehungen sein könnte und ich endgültig den angestammten Platz im Herzen einer liebevollen Frau gefunden hätte. Eine junge Kundin betrat den Laden und bot sich an, uns beide zu fotografieren. In der Anfangszeit entwickelte sich bei uns eine Fotografiersucht. Im Vorgriff der weiteren Geschehnisse: Kapitel euphorischen Charakters wechselten sich ab. Doch plötzlich sprudelte es aus ihr hervor: „Ab jetzt fotografieren wir nicht mehr."

18 Uhr. Es war Ladenschluss, wir verschlossen die Türe und verbrachten noch eine Weile im Nebenraum, um uns dort ein wenig näher zu kommen. Küsse wechselten sich mit Umarmungen ab.

Ein Wiedersehen gab es dann die Woche darauf: Grillen in unserem Betrieb. Frisch Verliebte ziehen sich bekannter weise immer etwas früher zurück von der übrigen Gesellschaft, was wir dann auch taten. Schließlich habe ich ein eigenes Büro. Als sich das Chefbüro von uns verabschiedete, hinterließen wir einen glücklichen und friedvollen Ausdruck. Dann gingen wir zusammen weg.

Auf dem Weg zur U-Bahn überforderte mich erstmals der Redeschwall meiner neuen Errungenschaft. Wir passierten die Stelle, wo Monte immer ihr Fahrrad abgestellt hatte, wenn sie mit der Bahn zur Arbeitsstelle fuhr. Der Weg führte an einem Friedhof vorbei, in dem eine 90jährige Tante ruht, die angeblich mit einem wehenden weißen Faden aus dem Sarg auf dem Weg zur Grabstätte für Aufsehen sorgte. Dass sie noch mit 80 Jahren

Stöckelschuhe trug, dürfte Monte noch länger beschäftigt haben.

Ab jetzt hob sich der Vorhang der Absurditäten. Bis jetzt war ja alles noch akzeptabel. Und geläufig war mir bislang lediglich der unaufhörliche Rededrang Montes; aber als Vielredner bin ich schließlich auch bekannt.

Die Wohnung – klein, jedoch bis zum „geht nicht mehr" überladen – befand sich im obersten Stockwerk eines unattraktiven Wohnblocks – ein Treppenaufstieg, der nur unter Beleuchtung gefahrlos benutzt werden konnte, die Wände asozial anmutend. Obwohl Monte ihre Wohnung finanziert bekam, klagte sie ständig über den fehlenden Aufzug und das beschwerliche Tragen der Einkaufstüte, weil man mit 50 Jahren nicht mehr so könne. Die Bestätigung dieser generalisierten unhaltbaren These aus der eigenen gedanklichen Manufaktur holte sich Monte intervallmäßig in Gesprächen aus ihrem Bekanntenkreis, ohne zu erkennen, dass es sich entweder um Beschwichtigungskommentare handelte, um Jasager der Ruhe willen oder einfach nur um Personen, die es herzlich wenig interessierte, wenn eine nur noch von ihren Schwächen und Sorgen erzählt in der Hoffnung, dafür die Ohren der Anderen geliehen zu bekommen.

Wir waren verliebt. Für mich ein wundersames Phänomen, das sich nicht erklären lässt, weil es vom Gefühl ausgeht. Dieses Gefühl ist nur erfahrbar wie „Schmetterlinge im Bauch". Kennt ihr dieses Gefühl? Mit Bestimmtheit! Es ist ein Geschenk, das sich niemand erkaufen kann. Im Stadium der Verliebtheit kennen wir keine Zweifel.

Gehirnscans zeigen, dass schon ein Foto neuronales Feuer auslöst. Monte war beim Ablichten meines Fotos im Betrieb sicherlich diesen Gefühlen ausgeliefert. Sich verlieben ist Überwältigung. Wenn du dich verliebst, wirst du zu einem Crescendo. Was dabei sehr gefährlich ist: Oft wird „sich verliebt" wegen Äußerlichkeiten. Mittlerweile weiß ich, dass ich nach falschen Kriterien entschied. Mir hat Monte von Anfang an gefallen. Auch ihre Stimme wirkte sehr angenehm und beruhigend auf mich. Meine neue Liebe sah ich als Loreley auf einem Felsen sitzen und wunderschöne Melodien singen. Ich war der doofe Schiffer, der an ihr hochschaute und dabei am Felsen zerschellte.

Was wir beide miteinander getrieben haben, war eine Zweierschau als Gemisch von Spaß und einseitigen Forderungen an mich. Verliebtheit kühlt jedoch ab, und die Unterschiede müssen dann in Balance gebracht werden. Was uns betraf, konnte diese Beziehung nicht funktionieren. Verschiedene „Autoritäten" beeinflussten sie. So eine wöchentliche Erscheinung aus dem Pool des „Betreuten Wohnens" und in Sonderheit die Mutter als zweites Ich. Die ersten Wochen war ich der Empfänger für „Gute Nacht – Geschichten", die mir wegen ihrer negativen Firnis eher den Magen umdrehten. Aggressionen und verständnislose Unstimmigkeiten gaben sich dabei die Hand. Ich kam kaum zum Schlafen.

Einmal noch besuchte uns Monte im Projekt, weil sie Formalien erledigen musste. Beim Weggehen warf sie einen schwarzen Slip durchs offene Fenster in mein Büro, als ich gerade im Gespräch mit einem Mitarbeiter aus Afrika war. Zum Glück verfehlte dieser Wurf sein Ziel.

Ich will hier nicht bewerten und sehe zunächst jede neue Beziehung neutral. Es war ein Fehler, dass ich das Angebot Montes, mich mit ihrer Krankheitsgeschichte zu konfrontieren, nicht annahm. „Wenn du es möchtest, lese ich dir vor, was ich alles habe. Willst du es hören?" Das wäre für mich des Pudels Kern gewesen. Ich habe ihn vorbeilaufen lassen. Zumindest wäre ich vorgewarnt gewesen in Erwartung der auf mich zuflutenden Geschehnisse.

Auf Montes Krankenbiografie sich einstellen oder in den Anfangsstapfen abbrechen? Letzteres wäre für mich in Anbetracht der großen Zuneigung nie in Frage gekommen. Abgesehen davon wollte ich es einfach nicht wahrhaben, dass ein geliebter Mensch „so krank ist". Als die Beziehung erstmalig zu Brüche ging, hat es mir Monte gestanden: „Du weißt nicht, wie sehr krank ich wirklich bin. Ich komme auf dem Zahnfleisch daher." Es waren ihre letzten Worte aus unserem höchstpersönlichen Handy. Damals konnte ich es immer noch nicht glauben. Der Hinweis Montes auf einen „Herstellungsfehler" in ihrem Gehirn hätte mich eigentlich nachdenklich stimmen müssen. Eine Konsequenz mögen auch ihre Gedächtnislücken, Konzentrations- und Wortfindungsstörungen sein.

Die ersten neun Monate spielten sich überwiegend in Montes Wohnung ab. Als ich diese das erste Mal betrat, durfte ich nichts anfassen. Alles – so Monte – sollte so bleiben, wie es ist. Ein für mich unzumutbarer Zustand. Dann warf sie sich auf die Couch: „Bitte, nimm mich!" Sie trug damit die Familientradition weiter und präsentierte sich auf einem Hocker im Wohnzimmer in einer Art Selbstdarstellung, die ich von Frauen bisher nicht kenne. Ich saß nur verdutzt da und wartete kommentarlos, was da noch auf mich zukommen könnte. „Das habe ich bisher mit allen Männern gemacht" – so Monte. Ihre Zeigesucht wurde geoutet. „Du darfst alles filmen. Ich mache auf für dich." Dieser Empfang stimmte mich nachdenklich.

Zum Geburtstag lud Monte ihre Freundinnen und alte Bekannte ein, um mich bei dieser Gelegenheit vorzustellen. Im Gegenzug nahm ich sie zu meiner Familie mit. Zu aller Erstaunen verließ sie – wie von einer Tarantel gestochen – das Haus und wartete auf der Straße auf mich. Anlass dazu bot meine Richtigstellung von dem, was sie erzählte.

Montes Mutter ist ein Sonderkapitel und hat eigene Qualität. Sie spielt eine prägende Rolle in Montes Leben. „Du musst wissen, meine Tochter und ich sind symbiotisch". Das sagte die Mutter gleich beim ersten Treffen zu mir. Ich sollte wissen, wo der Bartl den Most holt. Montes Mutter ist fast 80 und wurde von Monte abwechselnd als Feindbild, dann wiederum als Feuerwehr missbraucht – je nach psychischer Verfassung. Und dazwischen wurde fest mit Steinen geworfen, ohne nur einen Gedanken daran zu verschwenden, dass Monte selbst unter einer empfindlichen Glasglocke saß, die ihr keinen Schutz gewähren konnte. Das Gemotze ergoss sich über die abwesende Mutter wie eine aufgedrehte Dusche.

Sie habe nie in ihrem Leben gearbeitet und sich nur ihre Fingernägel lackiert. Sie sei zum Tanzen gegangen und habe dabei den Kinderwagen mit der kleinen Monte in eine dunkle Ecke geschoben. Zwischendurch kaufe sie sich Spitzenhöschen, um ihrem jüngerem Freund zu gefallen, der selten nüchtern ist. Das alles wollte Monte später nie gesagt haben. Nahm ich aus meiner Sicht Stellung dazu, schrie sie mich an. „Was erlaubst du dir ein Urteil über die Mutter, die als Kind den Krieg überlebt hat!" Obgleich Monte ihre Mutter ursächlich machte für ihre frühkindliche Störung, hing sie nach wie vor an der Nabelschnur ihrer Mutter, die mir mit ihrem kantigen Gesicht – gleich einer ägyptischen Sphinx – irgendwie Respekt abnötigte. Ich habe sie nie von Herzen lachen gesehen und gehört. Gab es ein Problem zwischen uns, wurde die Mutter nachrichtendienstlich über Handy darüber informiert. Inwieweit Bettgeschichten ausgebreitet wurden und Ratschläge dazu erteilt, werde ich nie erfahren. „Meine Mutter hat auch gesagt: Einen Mann brauchst du nicht. Und wenn ja, kannst du einen bestellen." Dieser Kommentar Montes einmal beim Aussteigen aus meinem Auto. Ich blieb da noch eine Weile sitzen, während Monte weiterging und sich nicht weiter um mich kümmerte. Dieses Verhältnis Mutter - Tochter erinnerte mich an Norman Bates Mutter aus Hitchcocks Film „Psycho", die noch nach ihrem Tod einen verheerenden Einfluss auf ihren Sohn ausübte.

Zum Glück waren die Fingerabdrücke nicht sichtbar, die sich beim wiederkehrenden Sich-in-den-Arm-nehmen beim Besuch der Mutter abbildeten, weil Monte doch so ein armes im ersten Lebensjahr vernachlässigtes Kind war. Und das Thema „frühkindliche Störung" macht natürlich neugierig, und schon steht die Darstellerin auf der Bühne. Dieser Urschleim lässt sich super hinterherziehen. Das prägt schon ein halbes Jahrhundert! Ich bezeichne dieses Störungsbild als Verlassenheitssyndrom, das sich auch aus der vehementen Eifersucht Montes ableiten lässt. Doch dazu an anderer Stelle. Darüber hinaus wirkt sich der wegweisende Fehler einer Mutter auf das übrige Leben aus: extrem erhöhte Kränkbarkeit und, was uns betraf: die Beziehungsunfähigkeit Montes. Da kommt schon was zusammen. Auch die unkalkulierbaren Aggressionen Montes rührten bestimmt noch aus dieser Zeit des emotionalen Vakuums. Feindbild Mutter! Doch im Bedarfsfalle wurde sie zitiert wie der Geist aus der Wunderlampe. Nur daran reiben und er erscheint. Einmal wurde die Mutter mit meinem Einverständnis als Vermittlungsinstanz in das Richteramt berufen, um den Fortbestand unserer Beziehung zu stabilisieren. Sofort kamen Bedenken bei Monte auf, ihre Mutter sei zu pro für mich eingestellt. Die Angst vor Bedeutungsverlust verfolgte meine Partnerin permanent.

Die Einladungen bei ihrer Mutter erinnerten an eine Alltagsszene in der geschlossenen Abteilung eines Nervenkrankenhauses. Da wurden am Tisch wiederholt längst erledigte Themen diskutiert wie der Verlust von Langlaufskis, um dessen Klärung sich Montes Mutter jedes Mal aufs Neue bemühte. Das Gespräch war Dialektik ohne Sinngebung und erschöpfte sich in Widerspruchsattacken. Am Gesicht Montes abzulesen, hatte sie wieder mal die Hauptrolle und sonnte sich als Rad der Mitte, an dem sie immer wieder lustvoll drehte, um Aufmerksamkeit zu ernten und Recht zu behalten. Eine wahnhaft bühnenreife Inszenierung eines professionellen Patientenkollektivs. Ohne Einmischung meinerseits erlebte ich einen lautstarken Wutanfall in Mutters Wohnung, weil diese ihrer Tochter eine Verhaltensempfehlung gab. Auf meine Bitte hin durften wir bei ihr noch eine Tasse Kaffee trinken. Es müsse aber die von Monte gewünschte Sorte sein; andernfalls wäre sie nicht bereit zu bleiben. So klang es aus dem verrückten Kopf eines unheilbaren Störenfrieds. Ich hütete mich, diesen Störfall andernorts wiederholt aufzugreifen. Thor hätte seinen Hammer nach mir geworfen.

Monte existierte überwiegend dadurch, dass sie wahrgenommen wurde. Ein hysterischer Charakter weist eine Überemotionalität aus als unaufhörliches Bestreben, im Zentrum der Aufmerksamkeit zu stehen. Sie liebte ihre Auftritte und war sehr zufrieden, als Gegenüber interessant zu erscheinen. Allein „das an die Wand quatschen" zeigte ihre Selbstprofilierungssucht. Selbst eine kurze Bauchtanzeinlage mit dreimaligem Hüftschwung stellte Monte bereits ins Rampenlicht der Anwesenden. Doch welchen Sinn ergibt eine Beziehung, in der ich nur Zuschauer und Zuhörer bin, während meine Partnerin ihr eigenes Schauspiel gestaltet? Und Applaudieren sollte ich dann auch noch an den gewünschten Stellen.

Strukturen und Regeln waren für Monte ein Gräuel. Ihre Zeituhr wollte sie selber einstellen. Da sie verpflichtende

Erledigungen vor sich herschob, war eine Beziehung als Verbindlichkeit mitunter belastend für sie. Schlimmstenfalls schob sie Verpflichtungen beiseite. „Du bist doch derjenige, der keine Struktur hat! Bringe mal Struktur in dein Leben!" Diesen Spiegel hielt sie mir wiederholt vor. Verrücktheiten sind für uns normale Menschen nicht nachvollziehbar und schon gar nicht erklärbar.

Monte war eine Meisterin der Prokrastination, nämlich wichtige Tätigkeiten in die Zukunft zu schieben. Sie zeigte dabei zwei Seiten der Medaille: „Ich muss das tun." Die andere Seite: „Ich verstehe nicht, warum mir so etwas aufgebucht wird. Ich möchte nicht auf Befehl funktionieren." Monte predigte bei jedem meiner Besuche Prioritäten, die sie sich vornehmen wollte. Dabei stampfte sie im Wohnzimmer auf und ab. Umgesetzt wurde nichts – es blieb bei heißer Luft in Tüten. Die unzähligen Termin- und sonstigen Notizzettel – ein ansehnlicher Pack von Wäscheklammern zusammengehalten – und ein Terminkalender mit einem Stoß eingeschobener vollgekritzelter Blätter mit der Dicke einer Hl. Schrift sollten die von Monte dringendst benötigte Struktur zuwege bringen. Verunmöglichung war die Folge.

Der „Dadadad I hat gesagt, dass ich eine Termintafel anbringen soll." Monte berichtete mir den Vorschlag mit Enthusiasmus, ein Ratschlag, den ich ihr schon immer gab. Ich bin nämlich ein Meister der Ordentlichkeit. Zur Verständlichkeit muss ich noch anfügen, dass der „Dadadad I" ein angeheuerter Dozent in ihrem Berufsfindungskurs nach dem Start in die zweite

Beziehung war, der offensichtlich mit der deutschen Sprache Schwierigkeit hatte – eine Tatsache, die mir Monte tagelang – nackt vor dem Bett posierend – theatralisch vorführte. Für diejenigen, die des Bayerischen nicht mächtig sind, noch angemerkt: Der „Dadadad I" heißt übersetzt „Ich würde an Ihrer Stelle tun.". Punktum!

Die selbstgezimmerte Lebensphilosophie griff um sich. Nichterledigen wurde mit der Dringlichkeit von angeblich Wichtigerem begründet. „Eigentlich müsste ich gar nicht mehr in die Arbeit gehen. Zu Hause wartet genug Arbeit auf mich." Damit hatte sie Recht. Denn der Verhau in Montes Wohnung war für mich unerträglich. Ihre einzige Tätigkeit bestand aus einem Umorganisieren des Durcheinanders von einer Ecke in die andere. Das Resultat war eine Minusvariante, vergleichbar mit der Arbeit eines Mistkäfers, der seinen Mist nur umschaufelt. Erledigt wurde immer dann, wenn der Druck von außen zu groß wurde und finanzielle Nachteile drohten. Der Oberhammer: Letzter Bewerbungstag für eine Stelle bei der Stadt. Diese zukunftsweisende Bewerbung schob Monte bis in die späten Abendstunden hinein. Spontan ins Auto gesetzt fuhr ich zu ihr. Als ich unterwegs mein unangemeldetes Aufkreuzen über Handy ankündigte, erreichte mich eine Schimpfkanonade, die mich von meinem Vorhaben jedoch nicht abhielt. Auch habe sie keine Zeit für mich, weil sie mit der Bewerbung beschäftigt sei. Zum Glück konnte ich sie davon überzeugen, die Angelegenheit noch vor 0 Uhr dem Briefkasten der Institution zu übereignen. Auch zum

Vorstellungsgespräch gerade noch pünktlich brachte ich sie mit meinem PKW.

Nach dem ersten Scheitern der turbulenten Beziehung schrieb sie mir: „ Ich war für dich nie wichtig.." Der vergessene Brotaufstrich auf dem Frühstückstisch und die vergessene Tasse waren die Ignoranzen, die mir unterschoben wurden; meine großen Hilfeleistungen blieben dabei außer Betracht. Ich denke nicht, dass ich ein Lügner bin, wenn ich von mir behaupte, ich sei besonders hilfsbereit.

Die ersten Monate der Beziehung grenzten schon an Nötigung, als sie mir eine Handvoll Tabletten und Kapseln als Vitaminzugabe zum Frühstück hinstellte: Heilerde für …, Lachsöl für die Augen, … Schließlich ist sie Naturkostfachberaterin. Ich kann die bunten kostspieligen Dinger nicht mehr alle aufzählen. Ergänzend dazu empfahl sie mir Eigenurin. Ich entwickelte beinahe eine Phobie, wenn ich ein gefülltes Glas stehen sah, das für mich angedacht gewesen sein könnte. War die Färbung identisch, roch ich zunächst daran. Vom Nippen keine Rede. Ich gehöre nicht zu denjenigen, die sich grundsätzlich gegen Unbekanntes sperren. Wenn ich ihr jedoch sagte, dass es Dinge gibt, an die ich mich erst gewöhnen müsste, äffte sie meine Kommentare nach. Prost Gemeinde!

Die Kommunikation mit Monte bestand in den ersten neun Monaten aus einer Mischung negativen Tag- und Nachtgeplappers, unsachgemäßem Geschimpfe, unfundierten Behauptungen, unlogischer Kritik und missverstandenen Interpretationen. Dass mir dabei noch genügend Zeit zum Atmen blieb, erstaunt mich noch heute.

Aufgrund ihrer Schwachheit gesellte sich die Selbstbehauptung hinzu, die Monte mit aggressivem Verhalten durchzusetzen versuchte. Damit kaschierte sie. In Ermangelung selbstsicheren Auftretens entartete ihr Verhalten rasch in Stresssituationen als Angriffs- und Fluchtverhalten. Wie oft schon hatte ich ihre Wohnung verlassen und dabei noch schnell Gas gegeben, um ihr zu entkommen! Ich sah sie dann noch im Rückspiegel hinterherlaufen mit dem Ruf: „Ramedlaw, bleib doch da!"

Was macht eine gute Beziehung aus? Ich präzisiere meine Ansprüche: Was macht eine den Seelenfrieden schaffende Beziehung aus? Ich minimalisiere im Detail: „Was macht eine Beziehung aus, die beim Öffnen der Wohnungstüre ein Glücksgefühl entstehen lässt, wenn die personifizierte Liebe gegenüber steht? Mit Gewissheit nicht damit: „Wir haben nicht ausgemacht, dass du schon heute kommst. In einer Stunde bist du verschwunden. Sonst hole ich die Polizei!" Der an meiner Seite vorbeistierende Blick mit einem Irresein ins Gesicht gekritzelt, unterstützte die unerwartete emotionstötende Reaktion. Das war kein Ausrutscher, von Einmaligkeit geprägt, sondern Ausdruck eindeutig krankhaften Verhaltens, das mich sämtlicher Register beraubt hat, überhaupt noch einen Fuß ins Startloch zu bringen, um eine für den Fortbestand der Beziehung adäquate Reaktion ins Feld zu führen. Dieser massive Vorfall war für mich das Signal, die Wohnung endgültig zu verlassen. Das Ereignis hatte eine lähmende

Schockwirkung auf mich. Sicherlich hätte ich das Ruder herumreißen können, indem ich in Verschwiegenheit gegangen wäre oder versucht hätte, mit meditativer Ruhe den Sachverhalt noch einmal aufzugreifen, da ich mir aus berechtigten Gründen große Sorgen um Monte machte und deshalb unangemeldet bei ihr auftauchte. Mit meiner Ausbildung verfüge ich schon über das Repertoire, ein wenig hinter die Kulisse zu schauen und damit breiteres Verständnis aufzubringen; eine therapeutische Einwirkung in der Binnenstruktur einer Beziehung verfehlt jedoch die erwartete Effizienz. Therapie von außen – in der Partnerbeziehung zu dritt – mag funktionieren.

Ängste begleiteten Monte durch den Beschäftigungsalltag. Überall, wo sie hinkam, wollte sie gemocht werden, mitgetragen, und sie gierte in alle Richtungen nach Anerkennung. Ihre unstillbare Neugierde machte sogar vor Intimfragen keinen Halt.

Auch das Verhältnis zu ihrem Vater hatte ihren Erzählungen nach einen großen Stellenwert. Er war beim Film beschäftigt. Daraus erklärt sich mitunter die Darstellungssucht Montes. Dass die Familie mittlerweile auf Mutter und Halbschwester reduziert ist, belastete sie sehr und machte sie neidisch, was mich anbetraf. Ich selbst bin gut eingebunden in meine Familie – Mehrgenerationenhaus wäre die richtige Antwort.

Frauen suchen zuweilen den Papa im Partner. Ich werde den Verdacht nicht los, das es auch mir so ergangen ist. „Du bist mein Papa." (Monte). War ich im Gespräch mit ihr, wurde ich als „Horst" angesprochen. Mir wäre mein Vorname „Ramedlaw" lieber gewesen. Und das ging über zwei Jahre hinweg. Es mutet schon peinlich an, permanent mit einem Vater verglichen zu werden, der seine Tochter Jahrzehnte beanspruchte und gängelte. Aus geschildertem Grunde ließ sie sich auch nie etwas von mir sagen. Ich war das verhasste Vaterbild.

Ich glaubte, eine verbindende Gemeinsamkeit mit meiner Partnerin zu haben: meine Segeljolle auf einem Liegeplatz. Monte berichtete wiederholt über jahrelange Segelerfahrung an der Seite ihres Vaters. Tatsache jedoch war: Ihr Vater hatte sie in Beschlag genommen; sie durfte dabeisitzen. Die Familie Cavallo hatte es in sich. In der Wohnung mit der monatelang befassten Umgestaltung und der damals anstehenden Stellensuche auf dem ersten Arbeitsmarkt genervt, empfahl mir Monte, jemand anderen für Segelausflüge zu suchen. „Hast du noch Kontakt mit deiner Ex? Dann kannst du ja die mitnehmen auf's Wasser." Unerklärlich für mich, da sie zweimal einen Eifersuchtsschreianfall in Szene setzte, als ich eine vorübergehende Frau ansah. Monte hatte Angst, etwas Geliebtes zu verlieren, und sie wusste überdies, dass ihr Verhalten dazu den Weg bereitete. Aber weshalb? Ich gab ihr nie einen Anlass dazu. Doch ihre wiederkehrenden Anspielungen verdächtigten mich immer wieder. Ihre Eifersucht machte sogar einen Übergriff auf die Hauptdarstellerin im TV – Film „Die Päpstin". Etwas später hatte sie sich dann korrigiert. Sie habe die Tänzerinnen mit den langen Beinen gemeint, die mir so sehr gefallen hätten.

Und da ist noch die Halbschwester, die von Monte ihr gehöriges Fett abbekam. Sie soll dafür bekannt sein, besonders in angetrunkenem Zustand ihre Standpauke zu schlagen. Das Singledasein gleiche sie mit ihrer Arbeit aus.

Und dann noch die Freundinnen, die Monte nur so ab und zu traf. Darunter befand sich eine kleptomanisch veranlagte Religionslehrerin, deren zusammengeklauter Keller schon einmal entsorgt werden musste, eine weitere mit Aufmerksamkeitsdefizit – inzwischen getrennt lebend von einem Mann, der wie ein Fisch jahrelang nur „Blubb" machte (Monte klopfte sich bei ihrer Rede selbst auf die Schulter, weil sie sich über Jahre hinweg um eine Lösung dieses Problems angenommen, jedoch nichts erreicht hatte. Schade!), dann eine Freundin, liiert mit einem Hobbykoch, der seine Kochkünste am Herd mit Rülpsen und Furzen unterstützte. Das erste Kennenlernen mit ihm war das letzte, da er zur Begrüßung meinte, meine neue Partnerin könne mir einen blasen. Ungewöhnlich war es schon, dass Körner ausgeworfen wurden, die das eine oder andere Huhn im Bekanntenkreis aufpickte. Ihre Freundinnen sollen sich noch nachträglich den Magen verderben und sich übergeben. Eine Freundin soll sogar den Tipp gegeben haben, wir hätten mit dem Sex langsamer beginnen sollen, damit unsere Beziehung länger halte. „Was schaust du mich so an wie der Teufel?" Diese Bemerkung gab Monte einmal von sich während unseres Besuches bei ihrer Lieblingsfreundin. Aber dort ist Monte als Special bekannt und als solches akzeptiert.

Freundschaften sind in Grenzen zu halten – der Partner hat Vorrang. Und auf hen sessions über das Intime zu sprechen, das tun nur diejenigen, die es gewöhnt sind, in der Psychotherapie und in den Psychiatrien als offenes Buch zu fungieren. Ich hatte immer ein ungutes Gefühl, wenn die Freundinnen als Teilhaberinnen in die Geheimnisse unserer Beziehung eingeschleust wurden.

Kaum eingezogen in der neu zugewiesenen Wohnung – Monte wollte in der Nähe ihrer Mutter sein – ließ sie sich drei Stunden lang von einer alten Frau im Haus über frühere und aktuelle Verhältnisse der Mieter aufklären. Das Gehörte wurde auch gleich bewertet. Dabei zeigte Monte Fotos von uns. Bei einem Gläschen Rotwein wurde dann ausgelassen über Sex gesprochen. So wird eine Zweierbeziehung zu einem aufgeschlagenen Buch. Gewohnheitsmäßig verständlich: Es wurde die vergangenen 20 Jahre darin geblättert.

Muss ich mich dafür rechtfertigen, dass ich einen uneingeschränkten Zugang zu unserem Mehrgenerationenhaus bei meiner Schwester habe und ich mich gut vertrage? Warum sollte ich mich nach Montes Wunsch immer in meiner Singlewohnung aufhalten, wenn ich mich anderswo nützlich machen kann? Montes Familie ist ein Restbestand. Im Innern wünsche ich mir, dass ihre Mutter noch viele Jahre lebt. Obgleich es ein gespaltenes Mutter – Tochter - Verhältnis ist, musste ich davon ausgehen, dass ein behandlungsbedürftiger Einbruch bei Monte dann entsteht, wenn ihre Mutter ihre kontrollierenden Augen für immer schließt und damit ihre größte Sorge zurücklässt.

Die ersten Wochen mit Monte waren grauenhaft. Im Bett wurde ich in Beschlag genommen mit allen erdenklichen Erlebnissen meiner neuen Freundin. Die auf mich einstürmenden Textgirlanden erschlugen mich fast. Sie setzten sich bis in die frühen Morgenstunden hinein fort, eine Zeit, in der der Hahn zur Arbeit geht. Fielen mir die Augen zu, weil ich sie nicht mehr aufhalten konnte, schleuderte sie mir entgegen: „Du hörst mir überhaupt nicht zu!" Da wurde die ganze Familie Cavallo in ihre Bestandteile zerlegt und über alles palavert, was Monte aus den früheren Jahren in den Sinn kam. Angeblich sei sie als Tabledancerin zur Aufstockung ihrer finanziellen Mittel aufgetreten. Was sie mit dieser Bekenntnis bezwecken wollte, lässt sich nur vage interpretieren. Was sollte ich überhaupt noch glauben, wenn derartige Sprüche bereits in den ersten Tagen einliefen? Wenn ich ihr ordinäres Gehabe aufaddiere, könnte mit dem Erotiktanzen schon etwas Tatsächliches wahr sein. Warum Monte wiederholt das Ziel ungewöhnlicher Erlebnisse war, kann ich nur begrenzt beantworten – der Rest bleibt Spekulation. Wer zu blauäugig durch die Welt torkelt und in einer selbstgezimmerten Scheinwelt dahinvegetiert, entbehrt jeglicher Struktur im Alltag und muss Unwägbarkeiten einkalkulieren. Wer auf alles neugierig ist (Monte nannte es immer Empathie!) und sich mit Begeisterung für ein Hodenschutzplastikschächtelchen eines männlichen Erziehers im Hort dermaßen interessiert, braucht sich nicht zu wundern, dass allzu Persönliches in allzu Persönliches abgleitet und Monte entweder nicht ganz für voll genommen wird oder missbraucht für eigene Zwecke, weil sie meint, ihren hauseigenen Marktwert einsetzen zu müssen. Und wer Menschen nach astrologischen Daten kategorisiert, ist ebenso wenig in der Lage, eine Beziehung zu gestalten, weil alles schon eingerichtet ist. Im guten Glauben, das Richtige zu tun, kann als Resultat völlige Verblendung sein. Die Verantwortung wird an die Gestirns Konstellationen weitergegeben. Die karmische Erklärung macht es dabei noch leichter: Das Schicksal will es so! Erforderlich werdende Änderungen werden nicht mehr akzeptiert.

„Ich bringe dich noch so weit, wie ich dich haben will". Das zischte einmal zwischen Montes Mundwinkeln hervor. Meine Gegenfrage: „Und was veränderst du?" wurde mit „Ich verändere mich nicht. Mit mir braucht es keiner aushalten" ad acta gelegt. "Nicht die Bohne! Ich werde den Teufel tun!" Ankündigungen wie „Ich habe bisher alle Männer zum Weinen gebracht" knüppelten mich nieder. Aber dies war die Quittung für meine Dummheit im ersten Abschnitt unserer Beziehung, die nie eine vernünftige werden konnte. Ich lasse mich noch nachträglich für die Verleihung des Narrenordens auf die Warteliste setzen.

Ein kurzer Exkurs: Welche Rolle spielte der Kater für Monte? Er war gewisser Partnerersatz. Aus Gründen einer langfristig angelegten gesundheitlichen Sanierung musste sich Monte einige Jahre vor unserer Beziehung von ihrem geliebten Begleiter trennen. Über eine Anzeigenkolumne meldete sich daraufhin ein alter Mann, der angeblich jahrelang beim Geheimdienst gearbeitet habe und darüber hinaus polizeibekannt war. Angeblich besprühte er den Kater mit Äther, um ihn so von Flöhen freizuhalten. Monte schaltete daraufhin den Tierschutz ein und so weiter und so fort. Die wiederholten Aufenthalte in seiner Wohnung übten einen besonderen Reiz auf meine Partnerin aus. Sie sollte Dessous tragen und seinen müden Schwanz bearbeiten, was sie ablehnte. Unzählige Male hörte ich im Schlafzimmer die Trauerrede vom abgeschobenen Kater.

„Du hilfst auch nur zu den Anderen." Auch dieser Vorwurf wurde mir ins Gesicht gemeißelt, so dass es sich als Survivaltechnik als klug erwies, jede meiner Äußerungen wie ein Steak in der Pfanne zu wenden, bevor ich diese weitergab. Meist ließ ich Sachverhalte kommentarlos stehen oder nickte dazu bejahend. Ausufernde Reaktanzen nahmen mein Nervenkostüm zunehmend in Anspruch und zerfransten es. Eine Verhaltensregel zum Abschmettern wäre sicherlich das Ignorieren von Verbalexzessen gewesen. Professionelle Fachkräfte beherrschen das wohl; in der Beziehung bleibt es in der Theorie stecken.

Lachen produziert Glückshormone, bricht Blockaden auf, heitert schlechte Stimmung auf und bringt uns alle einander näher. Doch bei den „Knall auf Fall – Aktionen" verging mir das Lachen. Den Inhalt meines Satzes „Heute bin ich wieder meiner Fröhlichkeit begegnet" erkannte sie nicht.

Verordnete Medikamente hatte Monte im Badezimmer gesammelt statt einzunehmen. Vermutlich dafür verantwortlich, dass dadurch ihr Oberstübchen ganz schön aus dem Gleichtakt geriet. Bei einer Großentsorgung aus ihrer alten Wohnung einige Wochen vor dem Umzug war auch eine Reisetasche dabei, deren Inhalt ich in der naheliegenden Apotheke ließ. Die aus dem Kreis der psychisch Kranken bekannten Selbstheilungsversuche durch Entsorgung von Tabletten wiederholten sich bei Monte ungefähr ein halbes Jahr nach ihren Klinikaufenthalten. Die Konsequenz waren Psychosen, die mehrmals neubegonnene Beziehung kam dadurch zu Fall, und ein Ende des Neubeginns war damit vorprogrammiert. Hinzu kamen telefonische Ratschläge von Freundinnen, denen anscheinend nur noch die Approbation zum Dr.med. fehlte. „Wenn deine Augen trocken sind, musst du bloß Mineralwasser trinken" – so ein Ratschlag einer jahrelang arbeitslosen Freundin mit der Bierdose in der Hand.

Die zuteil gewordene Zugeneigtheit Montes kam mir immer vorgespielt vor. Und in der Wohnung dem Partner zugewandt sein, erfordert relativ wenig Anstrengung. Beim Sex glaubte sie, in mir Charles Bronson zu sehen. Die angeblich große Liebe war punktuell – je nach Laune. Mit Nähe und Bindung haben Hysterikerinnen nämlich massive Probleme. Sie leben in der Eigendrehung. Statt Pünktlichkeit und Erledigung von Verpflichtungen pflegen sie Improvisation. Oder hatte ich es zusätzlich mit einer narzisstisch gestörten Persönlichkeit zu tun? Monte wurde 51, sie selber sah sich aber wie 27.

Auch meine Geldbeteiligung als Essenszuschuss war Monte zu wenig. Ich alleine schon würde ihr Budget aufbrauchen – und das als Diabetiker! Tatsache war, dass ich mich zum eigenen Schaden mit Vollkornnudeln füttern ließ. Zunehmend wurde ich von ihr in meine eigene Wohnung vertrieben, weil es doch zu eng sei in ihrer eigenen, so dass es nur sporadisch zu einem gemeinsamen Essen kam. Als mein Langzeitzuckerwert einmal bedenklich hoch war und ich Monte darauf ansprach, löste das bei ihr eine verbale Aggression aus, die mich schlagartig verstummen ließ. „Für deine Krankheit bist du selbst verantwortlich" schleuderte sie mir ins Gesicht und schaute an mir vorbei, als hätte sie den bösen Blick geübt. Wenngleich Vollkornnudeln gesund sind, machen die Kohlenhydrate einem Diabetiker schwer zu schaffen.

Wie oft haben es meine Ohren aufgenommen, dass es eine Unverschämtheit sei, im Harzt IV – Bezug nur € 1,50 hinzuverdienen zu dürfen, obgleich alles Andere von Steuergeldern mitfinanziert wurde. Und warum nicht alle Glühbirnen einschalten, wenn die Sonne durch das Fenster lacht? Schließlich brauchte Monte Licht. Ob das Fernsehgerät lief oder nicht – was spielte das für eine Rolle? Das Gerät meist ohne Ton, weil sich Monte mit politischen Themen nicht belasten wollte. Ihr würde es genügen, die Mundbewegungen der Politiker zu sehen. Und warum lässt es sich mit einem Erziehergehalt in Vollbeschäftigung nicht leben? Kolleginnen haben ihr diesen Floh ins Gehör eingepflanzt. Diese Kommentare passierten meine Gehörgänge und blieben dort mit Nachdenklichkeit hängen.

Nervig ist es schon, wenn Monte über mangelnde Geldmittel klagte und ich bei näherem Hinsehen feststellen musste, dass das Geld für teure homöopathische Mittel ausgegeben wurde, für Biolebensmittel, des Weiteren für preiserhöhte Hygieneartikel. Manisches Einkaufen von Sonderangeboten ohne Gebrauchseinsatz reduzierte die materielle Grundlage wesentlich. Wanderschuhe zum günstigen Preis bei ALDI. Gewandert wurde trotz stimmungsgehobener Ankündigung, zusammen mit Freundinnen in die Berge zu gehen, nicht ein einziges Mal. Rucksäcke wurden nach Erhalt von Prospekten gekauft, ohne klargestellt zu sein, ob der Nutzen tatsächlich gerechtfertigt sei. Zweimal „tankte" Monte den Einkaufswagen im Supermarkt randvoll, weil wir angeblich so viel essen. An der Kasse bezahlte ich. Dabei konnte sie ihr Schmunzeln nicht verbergen.

Mithalten können war auch bei Monte oberstes Gebot: „Warum haben die Kinder in meiner MAW – Arbeitsstelle ein Smartphone und ich keines? Selbst die Kollegen sagen es, dass ein Smartphone dazugehört." So jagte eine Problematisierung die andere. Zwei Jahre lang sprach Monte von einem Anbieterwechsel, weil ihr die Gebühren zu hoch waren. Und vier Jahre lang sprach sie vom Wechsel zu einer kontenführungsfreien Bank. Diese Absicht setzte sie nie um. Manie im kleinen finanziellen Rahmen wechselte sich mit depressiver Untergangsstimmung ab. Heißhunger, Herzstechen, Zittern, Antriebslosigkeit, Zukunftsangst, Niedergeschlagenheit, Gereiztheit, sozialer Rückzug (Monte ging häufig nicht ans Telefon, wenn es klingelte) – das alles war präsent. Redseligkeit, gedankliche Jagd, psychomotorische Unruhe – so ließe sich die Reihe fortsetzen.

In der letzten Mitteilung an mich nach meiner ersten Flucht: „Dein Rahmen ist nicht umgestürzt." Sie hatte nach zwei Wochen die Stelle bei der Stadt wieder geworfen. Hätte Monte nicht mit einer einzigen Bewerbung den Alleingang gemacht, hätten wir gemeinsam mehrere Möglichkeiten ins Auge fassen können. Aber ich hatte außerhalb des Bettes nichts zu sagen. Meine Hilfe bot ich nicht nur einmal an. Doch die ausgestreckte Hand nahm sie nicht. So schoss Monte ein Eigentor. Ich musste kein Hellseher sein, um den Ausgang dieses eigensinnigen Unterfangens vorauszusehen. Monte wollte sich etwas beweisen. Anstatt sich an den Partner zu lehnen, schickte sie mich mit einer derben Art und Weise zu meiner eigenen Wohnung und untersagte mir per Telefon, dass ich sie in den sechs Wochen Probezeit sehen dürfe. Für mich ein bescheidener Trost: Sie wollte in dieser Zeit niemanden sehen.

Mit der Beobachtung des eigenen Körpers geizte meine Partnerin nicht. Auch kreiste ständig Angst in ihrem Kopf, beim Sex zu hohen Energieverlust zu erleiden. Das mag – so vermute ich – ein Warnhinweis aus dem Umkreis der Freundinnen gewesen sein. Sie hatte auch Angst vor Krebs. Kleine Fettausbuchtungen an verschiedenen Körperstellen brachten sie auf diesen Gedanken. Auch das Herz war im Visier. In der Tat schnaubte Monte beim Treppensteigen und rang nach Luft, was gewiss auch der permanent unnötig gefüllte Rucksack auf ihrem Rücken mitverursachte.

Wochenlanges Kranksein war angesagt. Sie sah auch das Nichterscheinen in ihrer ersten MAW – Stelle mit 1,50€ / Stunde als gerechtfertigt an. Homöopathie musste herhalten. Damit war ihrer Gesundheit nicht immer der korrekte Dienst erwiesen. Als Begründung für längeres und öfteres Kranksein wurden Kolleginnen zitiert, die vor einer einlaufenden Grippewelle warnten. Dass es mich auch mal erwischt hat, war der willkommene Beweis für die Richtigkeit der ins Feld geführten Aussage. Schonzeit! Wie lange? Das wird Monte schon gewusst haben. Auf jeden Fall Daheimbleiben und ja niemanden anstecken. Zu Hause wartete wieder mal Einiges auf Erledigung. Und schon war der sekundäre Krankheitsgewinn eingeheimst.

Ein kleiner Exkurs zur Ambivalenz mit einem krassen Beispiel: Um die von Monte proklamierte Enge zu lockern, vereinbarten wir, dass ich bis auf Weiteres nur wöchentlich einmal Besuch bei ihr machte. Telefonisch meinte sie mal, es wäre viel interessanter, „jemanden in der Nähe zu haben zum Anlangen". Ich konnte mit dieser Aussage nichts mehr anfangen. Zu viel Drallala lag in der Luft.

Weil sie so sehr von einem Schrebergarten schwärmte, bot ich mich an, mich darum zu kümmern. Wäre ihr Wunsch in Erfüllung gegangen – mir wäre jetzt der gepachtete Schrebergarten zur alleinigen Pflege geblieben.

Einerseits wurde ich von meiner Partnerin schon gehegt und gepflegt, dann aber wieder wie ein Sachwert in die Ecke gestellt. Zwischendurch kam dann wieder die Frage: „Warum lässt du dir das alles gefallen?" Mir liegt es fern zu analysieren. Was der Verstand glaubt zu wissen, wird vom Gefühl gänzlich anders beantwortet. Ich dachte mir immer und immer wieder: Schlafe eine Nacht drüber, und du siehst die Welt anders. Bei kleineren Reparaturen mag das wohl angebracht sein. In unserem Falle hat sich eine traumatisierende Belastungsstörung eingestellt, die nach ärztlichen Erfahrungswerten erst im Laufe von drei bis vier Monaten abklingt. Ich suchte nach meiner ersten Flucht Hilfe in einer Klinik.

In einer meiner ersten Mails an meine neue Liebe hatte ich die Richtung einer funktionierenden Beziehung angedeutet. Diesem offensichtlichen Bedürfnis wurde von der Gegenpartei sofort der Boden entzogen. Feedback waren Spaßmails und pure Oberflächlichkeit. Monte wollte sich nicht damit auseinandersetzen. So gleich in der Anfangsphase in ihrer Wohnung, wo sie ihre Zeigefinger in beide Ohren steckte, um mir zu signalisieren, dass sie von derartigen Vorschlägen nichts hören will. Da könnte ja etwas von der Fassade abbröckeln und der sanierungsbedürftige Putz zum Vorschein kommen. Jedenfalls hatte sie es bisher verstanden, mit diesem Muster durch den Rost der kritischen Reflexion zu fallen. Warum sich anstrengen und den Weg der Veränderung gehen, wenn Monte Erfolg damit hatte?

Und dann gab es außerdem das System der psychiatrischen Betreuung. Brannte es mal, kam die „Feuerwehr". Ich weiß nicht, ob es bei einem Oberhammer noch eine Steigerung zum Superhammer gibt, wenn mich Monte am Telefon abblitzen ließ mit dem Drohfinger, ich dürfe sie nicht an dem Tag besuchen, an dem ihre Betreuerin zum Gespräch kommt. Diese untertänige Autoritätshörigkeit in besonderen Ehren! Die wöchentlichen Beratungsgespräche der begleitenden Sozialpädagogin wurden zwangsweise hingenommen, weil es so im Mietvertrag stand, die Inhalte gefiltert und dann in eine

Richtung abgebogen, die Monte für sich passend fand. Fleißig wurde der Bückling trainiert für die in Anspruch genommene Hilfe, die – von Formalien einmal abgesehen – dem eigenen Egoismus und Trotzverhalten Montes entgegenkam. Die alternde angeschminkte Beratungstante rührte dabei in ihrem Hexenkessel und rezitierte ihre Sprüchlein über erwünschtes Verhalten. Ich verstand die alte Dame mit ihrer Parfümfahne sehr gut: Leistungsnachweis für das Betreuungsinstitut und darüber hinaus erst recht, weil es so im Mietvertrag stand. Von Anfang an war ich ein Dorn im Auge der stillen Beobachterin, nachdem ich mich in die finanzielle Existenz Montes einmischte, was eine Stützaufgabe der Vermieterin gewesen wäre, die jedoch in dieser Richtung nichts unternahm. Fragte ich mal bei Monte nach, wie das Gespräch so verlaufen ist, kam als Antwort zurück: „Frau Fehlborens Mutter ist krank. Sie hat momentan große Probleme damit. Ansonsten haben wir uns gut unterhalten." Die Sinnhaftigkeit einer Beratung ist spätestens dann in Frage zu stellen, wenn zur Strukturierung des Wohnraums die Bestellung von transparenten Boxen einer Designerfirma empfohlen wird und das von den Mitteln einer Harzt IV – Empfängerin. Einmal war die Beschaffung von Urinsteinen ein Hauptthema der Stunde. Dieser Schwefelgestank war nicht auszuhalten. Viel wichtiger wäre die Instandsetzung der Warmwasserregelung in Montes Badezimmer gewesen, über die ich mit meiner Partnerin über Wochen hinweg gesprochen habe. Die Zusicherung meiner Unterstützung hatte sie zurückgewiesen mit der Bemerkung, es sei schon so oft im Haus versucht worden.

Schließlich sei die Sache nicht reparabel. Verschleppung des Anspruchs war hier wieder mal Priorität. Die Beratungszeit wurde totgehockt. Der Mohr hatte seine Schuldigkeit getan, der Mohr konnte wieder gehen. Jetzt verließ ich wieder das Schlafzimmer, in dem ich mich während der Kontrollstunde ruhig verhalten hatte. Zumindest einseitige Zufriedenheit, und was von der Beratung zurückblieb, war das mitgebrachte Gebäck auf dem Teller, und im Hamsterrad wurde fleißig weitergetreten, damit das System in Bewegung bleibt. Wurde es Monte zu beschwerlich, dann drehten halt die Anderen. Die Warmhalteplatte im „Betreuten Wohnen": „Ich kann hier solange wohnen wie ich will." Auf der anderen Seite ging Monte die fruchtlose Bevormundung durch die Gängelungsinstanz so sehr auf den Nerv, dass sie sich mit dem Gedanken auseinandersetzte, in die Nähe der Mutter vier Kilometer weiter umzuziehen.

Ein Zusammenspiel wäre eine Entlastung für anstehende Erledigungen gewesen. Darüber hinaus hätte ein Ergebnis meiner Einschätzung nach besser aussehen können, wäre es im Dreierpack besprochen und beschlossen worden. Nach Beendigung der Beziehung hielt mir Monte vor, „ich hätte mich besser der Frau Fehlboren gegenüber durchsetzen sollen". Wie denn, wenn mir der nötige Rückhalt fehlte?

Noch eins: Jeder von uns hat auch das Recht auf ungesundes Leben. Warum wird dann einem erwachsenen Menschen vorgeschrieben, Strukturen zu übernehmen, die sich in die vorgegebenen Passformen der Gemeinschaft einfügen lassen? Wie zugestandene Freiheit genutzt wird

– das soll Anderen am Arsch vorbeigehen. Von außen darf sehr wohl der Impuls kommen; das Innere jedoch entscheidet. Externe Domestizierung ist unerlaubt – liebe Beraterin! Aber dreht dennoch gemeinsam das Hamsterrad, damit ihr wenigstens sportlich bleibt!

Was ich nicht wusste: An die Nabelschnur Montes war noch eine Psychotherapeutin gekoppelt, die bei meinem ersten und damit letzten Besuch in meinem Beisein eine Superempfehlung gab. Nach genauer Taxierung meiner Person und meiner Verhaltensweisen wies sie Monte auf einen großen Fehler hin: „Frau Cavallo, wissen Sie, dass Sie jetzt einen großen Fehler gemacht haben?" Monte hatte mir ihren Stuhl angeboten. Monte war damals in gefühlsmäßiger Hochstimmung, weil wir den zweiten Anlauf in unserer Beziehung genommen hatten.

Einmal hatte Monte folgerichtig erkannt: „Unsere Beziehung gibt keinen Sinn." Aber Zielorientierung wurde von ihr nie angestrebt. Sie wollte, wie sie öfter sagte, „authentisch" bleiben. Diesen Rang hätte ihr sowieso niemand ablaufen können.

Sicherlich hatten wir auch viel Spaß miteinander, und wir haben zwischendurch viel gelacht und durften Kind sein. Doch letztendlich erging es mir wie Prof. Unrat in dem dramatischen Film „Der blaue Engel", stellvertretend für den Untergang eines von Äußerlichkeiten verblendeten Liebhabers, in dessen Rolle ich geschlüpft war. Ein einziger Gedanke verfolgte mich permanent während der vierjährigen Beziehung. Lieber ein Ende mit zeitlich begrenztem Leid als eine als fruchtlos erkannte

Verbindung weiterzupflegen, die zum psychischen Exitus führen musste.

Monte kritisierte von Anfang an. Einmal bezeichnete sie mich nach einer kritischen Anmerkung als Vernichter. Nichts war für sie in Ordnung: Ich fuhr zu langsam, während sie selbst 30 Jahre lang nicht mehr am Steuer eines PKW gesessen war. Kommentare, die nicht kompatibel mit ihren Sichtweisen waren, wurden niedergeknüppelt mit dem Hinweis: „Ja und?" – und das über Tage hinweg. Ich entlaste meine Liebschaft, indem ich dieses verrückte Verhalten dem schweren Krankheitsbild zuschlage. Zur Beschwichtigung von Unstimmigkeiten packte sie ihren Busen aus und streckte mir die Brüste abwechselnd entgegen mit dem Angebot, ob ich „Erdbeer- oder Bananenmilch vorziehe". Wenn ich ihr gegenübersaß und lachte, fragte sie nach. Mein unvermitteltes Lachen brachte sie anscheinend schwer aus dem Gleichgewicht.

Geplant war zunächst Vieles, verwirklicht davon kaum etwas. Es kam nie zum Segeln, Motorrad fuhren wir dreimal, über einen kostenlosen Spanienurlaub haben wir nur kurz gesprochen. Zwei neue Fahrräder wurden gekauft. Montes Fahrrad vor dem Haus wurde gestohlen, weil sie es monatelang draußen stehen ließ. Zweimal wurde damit gefahren. Im letzten Beziehungsjahr folgte sie mir auf dem Fuße mit einem Jahresvertrag bei einem Fitnesscenter, weil sie unbedingt was für ihren Körper tun wollte. Wir waren zusammen nur dreimal dort. Geplante Schwimmbadbesuche fanden nur zweimal statt. Ein Spanischkurs an der VHS war angesagt. Doch hier waren schon wieder Bedenken angemeldet. Monte wollte ihren Kurs an einer anderen Filiale buchen, weil sie meinte, ich würde sie nur kritisieren und verlachen. Im Gegenteil! Kritisiert wurde ständig ich. Ich kann mich noch genau an einen Fahrradausflug erinnern. Auf der kurzen Strecke, die wir miteinander fuhren, lästerte sie ständig über mein Secondhand – Fahrrad. Ich sollte es wieder zurückgeben, weil es nicht in Ordnung sei. Ok, die Gangschaltung murkste zwischendurch. Letztendlich mache es keinen Spaß, mit mir Fahrrad zu fahren, weil ich zu langsam sei. Hatte ich Monte auf diese Kritikmache angesprochen, wollte sie sich an diese Aussagen nicht mehr erinnern. „Ich kann mir nicht alles merken." Sie schob es auf ihr lädiertes Gedächtnis. Das neue Festnetztelefon, das wir in der Anfangszeit geschenkt bekamen, durfte ich eine Zeitlang nicht gegen das alte Gerät austauschen, weil Monte mir unterstellte, ich sei nicht in der Lage dazu. Über ihre Digitalkamera meckerte sie. Monte war unfähig, diese einzustellen. Nach mehrmaliger Bitte, ihr helfen zu wollen, stimmte sie meinem Vorschlag zu. Mit einer hämischen Lache nahm sie ihre Digi wieder an sich. Ich war der Stellvertreter für misslungene Bekanntschaften und wurde von Monte häufig mit einem griechischen Gemüsehändler verglichen, der nach einer dreijährigen Beziehung mit ihr Montes Familie nachgestellt haben soll und seit 10 Jahren noch täglich eine SMS schickt. Der konnte angeblich mit seinem Schwanz nichts anfangen. Verrückt. Nicht wahr?

Ungeduld mit konsekutiver Aggression – das fächerte Montes Persönlichkeit weiter auf. Druckte sie etwas aus dem Internet aus, so sollte ich es bereits gelesen haben. Gereiztheit und schlechte Laune verpesteten die Stimmung in der Wohnung und wurden zum Regelfall. Wollte ich zu einer rationalen Klärung beitragen, wurde ich niedergesprochen in einem Ton, den sich niemand verdient hat.

Warum nur bin ich nach unzähligem Flüchten immer wieder in Montes Wohnung zurückgekehrt, obgleich ich wusste, dass diese Behandlungsweise einer Beziehung nur abträglich sein konnte? Und warum hatte ich gute Kontakte links liegen lassen, Menschen, die mich mochten? Und warum habe ich mehrmals einen Neubeginn versucht in einer Beziehung, deren Dirigent der Mephisto des Untergangs war?

Erotik ist ein wesentlicher Inhalt einer ok – Beziehung. Schon früh an Jahren als Punkerin unterwegs, verhängte sich Monte in einem Hotelzimmer mit ihrem ersten Freund. Auf dem Fuße folgend ein kleinwüchsiges Ungeheuer, das zum Betreuungsklientel in einem Wohnheim zählte. Der in Monte verknallte Rohling entstammte einer ungarischen Familie, in der das Verdreschen der Ehefrau zum Tagesprogramm gehörte. „Warum treibst du mich im Dunkeln in die Kellerecke? Was hast du vor? Das Kind kann ich nicht austragen." Monte schien damals ganz verzweifelt gewesen zu sein. Doch auch das Umgreifen und das Zudrücken der Kehle hielt Monte nicht davon ab, sich von dem entstehenden Leben zu trennen. Nach einer zweiten Abtreibung litt Monte noch immer darunter, wenn sie junge Mütter mit ihren Kindern auf dem Spielplatz sah. Ein gewisser Neid war unverkennbar, wenn sie sich über das Geschrei von Kindern in ihrer Wohnanlage aufregte. Und der Bauerssohn mit seinen Zuchthendeln wollte Monte schon immer „von hinten packen". Eine übrigens tolle Methode, um sich einen Bonus zu verschaffen bei Mitarbeitern im Einzelhandel. Nach Ladenschluss schnell mal hinter der Theke gebückt, und schon ist das Wohlwollen des älteren Mitarbeiters gesichert.

Drei Jahre geiles Verhältnis mit einem griechischen Gemüsehändler, bis der Verheiratete von seinem Nachfolger abgelöst wurde. Fleißig wurde zwischen den Salatköpfen gevögelt. Am gleichen Tag nach der Trennung kam schon der Nachfolger mit seinem Fahrrad entgegen und machte sich nach einem Smalltalk im Park über seine neue Errungenschaft her. All das wurde mir im Schlafzimmer in einer der ersten Nächte kredenzt. Für mich zum Einstand einer neuen Beziehung eine erschlagende Situation, der ich nicht gewachsen war. Was ich rausdruckste: „Da hätte ich an deiner Stelle eine Filiale aufgemacht." Jetzt haben wir alle eine Verschnaufpause verdient.

Wenngleich bei uns beiden nicht viel an Unternehmungen gelaufen ist, so doch ein paar Schritte ins Schlafzimmer und dort ein wenig rumgemacht. Montes Bedürfnis nach einer Geburt hätte mich fast zu einer Simulation mit einer kleinen Plastikpuppe mit begleitendem Babygeschrei genötigt.

Unser gemeinsames Leben spielte sich überwiegend im Bett ab. Nicht, dass wir dort ein großes Tohuwabohu veranstalteten. Es war Montes „Müllabladeplatz" – der Ort des Zuhörens. Was sie tagsüber nicht schaffte, kippte sie im Schlafzimmer ab. Monte war einige Monate als Praktikantin in einer Bücherei tätig. „Ich habe heute wieder mit dem Schwulen gesprochen, dem sein Partner gestorben ist. Ich backe ihm einen Kuchen. Mit der Lesbe habe ich mich auch unterhalten. Im Aufzug der Bibliothek – als ich runtergefahren bin – sah ich einen Schwarzen, der ganz eindeutige Reibebewegungen mit seiner Hand machte. Sein Grinsen hättest du sehen sollen." – „Schläfst du schon?" Immer die gleiche Frage. Dabei nahm sie ihren Haargummi ab und legte sich mit ihrem Körpergewicht über mein Gesicht. Für sie besonders lustig; mir blieb dabei die Luft weg. „Na, du bist doch meine Gummipuppe. Bei dir ist nichts mehr dran. Schaust aus wie ein tiefgefrorenes Hendl. Lurchi. Wie geht's dir?"

Unsere täglichen Telefonate – den Eindruck wurde ich nie los – empfand Monte eher als Pflichtanrufe. Erst öfter tagsüber, dann jeweils vormittags und abends und schließlich nur noch am Abend. „Ich melde mich bei dir." Meinen Vornamen Ramedlaw hörte ich erst ab dem vierten Beziehungsjahr. So gesehen schienen über einen langen Zeitraum doch Veränderungen stattgefunden haben. Dann kam gleich die Zugabe: „Ich gehe jetzt ins Bett. Hast du dich auch schon hingelegt?" Zuweilen hörte ich auch die Angst heraus, ich hätte in ihrer Abwesenheit etwas „getrieben". Das Melden erinnerte mich immer an die Kontrollanrufe der Feldjäger, die hinterher durch die Kasernenschranke fahren, um das Gelände zu erkunden.

Figuren schieben. Das kenne ich sehr gut von den Brettspielen. Auf solch einem Spielbrett hatte Monte „Beziehung" gespielt. Oder noch besser und deutlicher: Gänseblümchenzupfen. „Er passt. Er passt nicht. – Er passt. Er passt nicht. …" So ließe es sich fortsetzen, bis der Blütenstempel leer ist. Gerade in Zeiten des Gebrauchtwerdens wurde ich weggeschoben mit der Bitte, nach Hause zu fahren.

Es gibt Situationen, die mich überfrachten. Monte fühlte sich schon seit Tagen unwohl; sie lag im Bett. Zu dieser Zeit arbeitete sie in der besagten Bücherei. „Du verschiebst mir die Bücher in der Bibliothek", sagte sie mit leiser Stimme zu mir, als ich neben ihr lag. Mag dies einen Zusammenhang mit meiner Hypnoseausbildung gehabt haben. Einmal hatte ich Monte ganz sanft eingeschläfert, weil sie immer Einschlafprobleme hatte. Doch jetzt kam es noch krasser: „Ich kenne dich nicht mehr. Du bist mir fremd." Dies hatte mich schwer in der Seele getroffen. Später war es mir klar, dass es sich dabei um eine Psychose handelte aufgrund der monatelangen Tablettenignoranz. Tags darauf – mein Geburtstag – war ich mit einer kleinen Arbeitsgruppe auf Außenbaustelle bei Wind und Wetter. Es regnete uns ein. Obgleich ich während meiner Nachhause Fahrt immer an ihrer Wohnung vorbeifuhr, wies sie mich ab, bei ihr wenigstens eine halbe Stunde vorbeizukommen. Am Abend erreichte mich dann ihr Anruf, ob ich schön gefeiert hätte. Was für ein Geburtstag, ohne Monte gesehen zu haben, und darüber hinaus die Sorge um sie – das war mein einziger Gedanke, und die erste Träne lief über meine Backe. Ein Klinikaufenthalt Montes folgte.

Wie alles wieder einmal zu Ende ging? Ganz eigentümlich und ungewöhnlich. Erklären lässt sich der vorübergehende Exitus der Beziehung, die keine war, mit einer Ansammlung von Ärger, die nur noch auf Auslösung wartete. Freudvoll fuhr ich – ich hatte die Besuche per Telefon nach Montes Wünschen ausgerichtet – zu ihr. Und nun seid ihr life dabei.

„Ich bin noch nicht fertig mit dem Aufräumen; das siehst du ja." Ich setzte mich auf die Couch. „Du kannst ja inzwischen die Sodastream Gasflasche aufmachen." – „Ist das eine Ersatzflasche oder die aus meinem Kauf vom Elektrogeschäft?" fragte ich ruhig nach. Ich hatte nämlich ein neues Set gekauft, das von Monte zwei Wochen lang unbeachtet blieb. „Das geht dich nichts an", zischte Monte zurück. „Kannst du das nicht anständig sagen?" – „Das ist die Umtauschflasche von mir", quittierte Monte mein Anfragen. „Wenn mich das nichts angeht, gehe ich jetzt wieder." – „Wenn es dir zu viel Arbeit ist?" (Monte). Ich packte meine Sachen in dem Glauben, sie würde auf mich zugehen. Nach Hause fahren wollte ich aber auch nicht. Immerhin lagen über 40 Kilometer dazwischen. Ich besuchte einen Möbelladen und kam nach einer Dreiviertelstunde wieder zurück. Kaum vom Auto ausgestiegen, sah ich Monte auf ihrem Fahrrad an mir vorbeifahren. „Hallo, warte doch!", rief ich ihr nach. Ein kurzes „Hi" entsprang ihrem Mund. Sie fuhr kommentarlos weiter. Dann betrat ich wieder ihre Wohnung. Die Türe zum Wohnzimmer war verschlossen.

Das Sitzen auf der kleinen Stellleiter verschaffte mir eine höchst unbequeme Situation im Gang. Zwei Stunden in dieser Sitzhaltung können schon sehr unwirtlich sein. Ich hole mir dann eine Flasche Wein beim nahen Penny. Bei meiner Rückkehr stellte ich fest, dass sich die Zimmertüre wieder öffnen ließ. Monte kam kurz darauf vom Keller hoch. Die Flasche stellte ich auf dem Küchentisch ab. „Du brauchst jetzt nichts trinken. Dann legst du dich wieder ins Bett", tönte es mir entgegen. „Den Schoppen Wein lasse ich mir allemal von dir nicht verbieten. Ich trinke jetzt ein Glas." – „Dann gehst du jetzt. Hast du es gehört?" Monte wiederholte sich: „Hast du gehört, dass du jetzt gehst?" – „Dann besuche ich heute noch Karin. Die will mich auch wieder mal sehen. Hinterher bereite ich dann noch meine geplante Flugreise vor. Das dauert nicht so lange. Dann hat sich der Tag für mich wenigstens noch rentiert." Zum Verständnis: Ich wollte Monte ein wenig provozieren. Doch sie ging ihre Richtung und pfefferte unser Partnerhandy auf den Couchtisch. „Und jetzt den Wohnungsschlüssel her. Wenn du mir den Schlüssel nicht gibst, rufe ich deinen Chef an und erzähle ihm, was für ein Arschloch du bist. Außerdem hole ich die Polizei!" Das mit der Polizei war mir nichts Neues; ich hörte das zum wiederholten Male. Das Lavaspucken wirkte. Ich versteinerte und kam mir vor wie Loths Frau – zur Salzsäule erstarrt. Monte kam mir in diesem Augenblick vor wie ein Monster, zusammengesetzt aus negativen Bausteinen. Daraufhin verließ ich ihre Wohnung und hinterließ noch eine lautstarke Spur mit einer Anspielung auf ihre Biografie. Mein einziger Gedanke: Nur weg von dieser Monte! Zu Hause zerschnitt ich in der gleichen

Nacht alle ihre Textilgeschenke und legte die Lumpen vor ihre Wohnungstüre. Hätte ich nur eines ihrer T-Shirts übergezogen – mich hätte es bestimmt durchgeschmort. Erst später – und das nach einem erneuten Anlauf – erfuhr ich von ihr, sie habe mich bei der Kriminalpolizei wegen Sachbeschädigung angezeigt. Anscheinend konnte Monte ihr Fahrradschloss nicht mehr öffnen. Sie verdächtigte mich, das Schloss unbrauchbar gemacht zu haben. Es stellte sich jedoch heraus, dass sie vor lauter Aufregung den Schlüssel verwechselt hatte. Die Anzeige wurde von ihr zurückgenommen.

Nach der Eskalation erreichte mich ein Anklagebrief Montes: „Geiz ist out. Dein Geld ist dir vergönnt." Sie wollte mir mitteilen, dass ich ihr nichts vergönne. Freilich bin ich ein genügsamer Mensch. Was ich nicht ausgeben muss, kann ich sparen. Aber gerne lasse ich mein Geld dorthin fließen, wo Unterstützung gefordert ist. Doch macht es mich betroffen, wenn ich immer wieder zusehen muss, dass der volle Kühlschrank Montes langsam dahinschimmelt, aber ständig nachgekauft wird. Bei der Umgestaltung in der alten Wohnung hatte ich schweren Herzens teure abgelaufene Lebensmittel dem Müll übergeben. Obst und Gemüse faulte auf dem Fenstersims vor sich hin. „Mein Zeug, das geht dich nichts an!" Das war ihre Konsequenz in der Argumentation.

Wir sind aber noch nicht am Ende. Wieder ein Neuanfang mit Wohnungsschlüsselübergabe. Anscheinend hatten wir eine seelische Verbundenheit miteinander. Ein inneres Band hielt uns zusammen. Und der Ring am Finger verlieh uns scheinbar magische Kraft dazu. Der Bernsteinring mit

Silberrand war häufig unser Gesprächsthema. Die Turbulenzen verflachten sich, und ich ging mit Monte den Weg des Anschubsens, indem ich Vorarbeit leistete. Veranstaltungen wurden von mir gebucht, darunter auch kleine Urlaubsfahrten. So könnte ich sie im Netz verbindlicher Unternehmungen einfangen, dachte ich. Ich hielt mich mit angebrachter Kritik zurück und hatte damit ihr gegenüber Erfolg. Das Flämmchen wuchs sich wieder ein wenig zu einer Flamme aus. Real gesehen war es jedoch ein Waffenstillstand.

Noch eins dazwischen: ein dreimaliger Besuch bei einer Paartherapie. Doch auf den tatsächlichen Kern kam es dabei nicht. Die Therapeutin mit ihrem Abschlusssatz: „Es scheint nun doch noch nicht in Ordnung zu sein." Sie hatte Recht. Prinzipiell blieb alles beim Alten.

Etwas verflacht, dennoch im Gleichschritt des eigenen Krankheitsbildes eingeknastet, setzte sich die unheilige Beziehung zwischen uns fort. Ich saß wieder zwischen dem Durcheinander in Montes Wohnung – in der alten Wohnung hatten wir 27 Müllsäcke entsorgt - und gab mich mit einer kleinen Essecke auf dem Küchentisch zufrieden. Ansonsten saß ich auf Montes Couch. „Du sollst dich bei mir wohlfühlen. Du kannst wenigstens auf der Couch sitzen." Für Monte war das ok. Aber die kritischen Monate kamen näher. Monte wies mich mal wieder aus der Wohnung, weil ich eine Stunde zu früh auftauchte und sie mit dem Aufräumen noch nicht fertig war. Einmal empfing sie mich mit einem unheimlichen abschätzigen Grinsen und verdächtigte mich, ich würde ihre Fotos auf dem Smartphone schwärzen. Ans Internet durfte ich nicht, weil ich angeblich umstecken wolle. Ich könnte auch hinter den eigenartigen Mails stecken. „Hast du dein Handy auf? Damit kann man nämlich Gespräche aufzeichnen." Ich gab ihr daraufhin den Wohnungsschlüssel und war wieder einmal auf der Flucht.

Meine Geburtstagsfahrt nach Wien führte uns noch einmal für 2 ½ Tage zusammen. Mit Rücksicht auf Monte, die mich vor ihrer Wohnanlage zur Abfahrt erwartete, beschränkte ich mich auf das Notwendigste aus unserem Vorhaben. Ihre herabhängenden Mundwinkel verrieten mir, dass sie wieder mal kurz vor einem Schub stand. Die Regentage verstärkten ihre niedergeschlagene Laune. Nach der Fahrt gestand sie mir, sie hätte lieber nicht mitfahren sollen, weil es ihr nicht gut gehe. Medikamente nahm sie schon seit Monaten nicht mehr. Während der Telefonate bestärkte sich der Verdacht der Anflutung einer Depression. Sie müsse wieder was für sich tun und unter die Leute gehen. Meine Vorschläge, mit mir etwas zu unternehmen, ignorierte sie. Sie müsse Vieles in ihrer Wohnung ordnen. Tagelang hörte ich von ihr, dass der Keller noch entsorgt werden müsse. Ich hatte den Keller beim Einzug total eingeordnet und konnte mir beim besten Willen nicht erklären, was es da noch zu tun gäbe. Dann sah sie aus dem Fenster: „Es ist schon was wert, wenn die Leute einen Vorhang haben. Ohne Vorhang sehen die, dass bei mir ein Mann rumgeht." Bisher hatte es Monte nicht gestört, ohne Vorhänge in ihrer Wohnung zu leben. „Wenn du in der Badewanne sitzt, hören es die anderen, wenn du das Wasser einlaufen lässt." Hat sich ein Verfolgungswahn zur Palette des bereits vorhandenen

Krankheitsbildes dazugesellt? Mir wurde langsam unbehaglich. Auch Mieter vom gegenüberliegenden Wohnblock hätten ihr so seltsam nachgeschaut, als sie mit dem Fahrrad vorbeifuhr.

Entzweit sich eine Beziehung, kommt der Denkapparat in Gange und jeder von uns fragt sich, was er in dieser Beziehung falsch gemacht hätte. Wer könnte der Verursacher gewesen sein, dass eine Beziehung kippt? Dabei geht es um die Schuldfrage. Mein guter Ratschlag: Lassen wir doch die Schuldzuweisung zu Hause! Wir sitzen hier schließlich nicht zu Gericht, um über einen Fall Recht zu sprechen. „Es hat keiner von uns Fehler gemacht" – so in dem mir zugestellten Brief Montes, der meinen ersten mit innerer Überzeugung, aber bitterem Nachgeschmack, gemachten Weggang abschließen sollte. Doch. Ich habe mich von Anfang an unter Wert gekauft und mich zur Spaßfigur machen lassen. Ich habe ein Spiel mitgemacht, diktiert von einem psychisch schwer kranken Menschen, der seine Schwäche mit Dominanz übertüncht hat, eine Zeitgenossin gebündelter Aggression. Gute Miene zum bösen Spiel. Ein Mitmachspiel, bei dem ich hinterhertrottete. Doch zwei Präferenzen sind zu beachten, die gut zu erklären sind: Ratio und Emotion. Wie soll sich das gegensätzliche Päckchen entscheidender Instanzen mischen? Überhaupt nicht! Meine Meinung dazu, mit der ich seit Jahrzehnten hausieren gehe – rein von meiner Lebenserfahrung her gesehen – ist, dass es Formalien gibt, die den Verstand beauftragen. Die emotionale Ebene auf den gemeinsamen Nenner zu bringen, ist ein schwieriges

Unterfangen, besonders dann, wenn es um Einseitigkeit in einer Beziehung geht.

Ich saß in der Ambivalenzschaukel: Mein Verstand meinte es gut mit mir und ermahnte mich zu gehen. Doch mein Gefühl verneinte den Anspruch der Vernunft und blockierte die lebenserhaltende Aktion. Geben und Nehmen – das muss ein Gleichgewicht sein. Ich habe in der missgestimmten Beziehung überwiegend das Fordern und Bestimmen einer dem Görenalter nie entwachsenen Frau kennen gelernt. Einmal erreichte mich eine SMS Montes, in der sie glaubhaft machen wollte: „Wenn ich mich so vor dem Spiegel betrachte" – und das tat sie meist nackt – „stelle ich fest, dass ich eine erwachsene reife Frau bin."

Ich hätte auf sie hören sollen, auf die Freundin Montes. „Da kommt noch etwas. Die kann einen ins Grab bringen." Die Erfüllung dieser Prognose war aufgrund des Erlebten nicht in Abrede zu stellen. Eine weitere Hiobsbotschaft kam gleich zu Beginn der Beziehung von Montes Mutter: „Glaubst du, dass du es mit meiner Tochter aushalten wirst?" Meine Antwort damals war: „Ich glaube ja, weil ich Monte sehr gerne mag." Doch soll ein Partner leiden für eine Minusperspektive, die nichts weiter bereithält als ein bedrückendes Dasein als Identifikation mit der Partnerin in einer angestrebten, jedoch keineswegs glücklichen und zweifelhaften Liebesbeziehung, in der ich mich in einseitige Abhängigkeit begab und mich wie ein Hündlein an der Leine führen ließ? Geschoben wurde ich wie eine Schachfigur auf einem Spielbrett.

Ich wünsche mir, mit der gewonnenen Einsicht in eine neue Beziehung zu starten, die davon profitiert. Es ist keineswegs damit getan, sich mit einem Ring am Finger zu verbandeln und sich gegenseitig „Mögen" und „Lieben" zu versichern. Es ist weiterhin ungenügend, das gemeinsame Leben mit permanent fröhlicher Miene und gutgelaunt zu durchqueren mit einem Tunnelblick, der das Rechts und Links des Lebensweges bewusst übersieht. Der Narr aus dem Tarot wäre ein aufschlussreiches Beispiel dazu: ein Balanceakt auf dem Hochseil mit ungewissem Ausgang. Er pokert mit seinem Leben. Meine persönliche Prognose, diese Beziehung hätte meinen Untergang bedeutet, wäre zur bitteren Wahrheit geworden, wäre ich nicht aus dem Roulette der Perspektivlosigkeit ausgestiegen.

Im Nahverkehrszug nach Niederbayern regte ich gegen Langeweile ein längeres Gespräch mit einer im vermutlich gleichen Alter befindlichen Dame an, die mir für das Thema „Beziehungsfiasko" als Gesprächspartnerin sehr kompetent schien. Nachdenklich stimmt mich der Hinweis, dass ich vermutlich zu denjenigen gehöre, die sich mit Problemfällen liieren, obgleich es von vorneherein klar scheint, dass die Beziehung zumindest kompliziert oder unmöglich sein wird.

Ich könnte mich ohrfeigen. Hätte ich von Monte gleich am Anfang das gefordert, was einer harmonischen Beziehung wesentlichen Ausschlag gibt, wären wir bereits nach einer Woche gescheitert. Wir beide hätten uns den Strudel von Irritationen und gegenseitigen Verletzungen erspart und wären ins Aus gegangen.

Unberechenbarkeit lässt sich nicht einordnen. Aggressionen und Rückzug bei Hilfsangeboten – das sind Punkte, die eine gutgemeinte Beziehung schwer belasten. Nicht zu vergessen dabei die Überempfindlichkeit und Fehlinterpretationen. Sicherlich war ich mir bewusst, dass der verletzende Teil krankheitsbedingt reagiert. Einfach ist es auch, detonatives Fehlverhalten mit seiner Krankheit zu entschuldigen. Verstärkung ist da leicht aus dem gleichgestrickten Bekanntenkreis zu holen. Diesen Weg beschritt Monte mit durchgängigem Erfolg: „Beschäftige dich mal mit meiner Krankheit. Dann weißt du, warum ich so bin."

Gibt es ein solch starkes Liebesgefühl, das dieses Märtyrerdasein rechtfertigt? Wohin soll der Weg führen, wenn er mit Eigensinn und Sturheit gepflastert ist? Was hätte ich tun sollen? Mich immer nach der aktuellen Stimmungslage erkundigen? Mich für jeden Furz entschuldigen? Jedes Wort genau prüfen, bevor es über die Lippen hüpft? Sollte ich mich als Individualität aufgeben und die Achterbahnfahrt vom Nullpunkt aufwärts und dann wieder runter ins Minus im Wiederholungsturnus mittragen? Solcherart Gedanken machten mich schwindelig.

Ich distanziere mich vorsätzlich von Revanchegedanken, Hasserfülltheit und anderen Qualitäten aus dem Negativpool. An dieser Stelle verweise ich an die Selbstdisziplin. Ich wollte das Boot ganz einfach auf den Kurs bringen.

Negative Gefühle – und das ist in jeder Beziehung so – treten bei Missachtung der Bedürfnisse auf. Und ist der Haushalt noch so klein, so geht es um das Verteilen von Aufgaben, einzuhaltende Absprachen – und was wichtig ist – Nähe und gleichzeitig Freiheit. Willst du was gelten, so mache dich selten! Die Freiheit des einen darf natürlich nicht zum Zwang des anderen werden. Es gibt aber auch über Jahrzehnte hinweg verliebte Paare, die alles gemeinsam tun und händchenhaltend durchs gemeinsame Leben gehen. Schwer wird es spätestens dann, wenn ein Teil wegbricht. Die Einsamkeit und das sich unvollständig Fühlen mag dann zu einem unausstehlichen Schicksal ausufern.

Es ist wichtig, dass wir unseren eigenen Wert erkennen. Meiner sind Hilfsbereitschaft und Humor. Letzterer hilft mir immer wieder über bestimmte Hürden hinweg. Humor – das war auch der entscheidende Auswahlaspekt bei Monte. Doch zunehmend war mir das Lachen vergangen, und ich hatte nur noch Angst, innerlich auszutrocknen. Möglicherweise springt der Geist der Negativität auf mich über. Das war mein fürchterlicher Gedanke. Es könnte dann zu einer kleinen Katastrophe werden. Aber ich habe mir die Beziehung, die keine war, immer wieder und wieder schöngeredet.

Mein Ziel war eine stabile Partnerschaft. Treue und Geborgenheit zählen immer noch als wichtigste Aspekte für eine den Seelenfrieden stiftende Beziehung. Eine Spaßbeziehung, die wir immer wieder zwischendurch hatten, wird vom Ernst des Lebens eingeholt, und dann entscheiden andere Kriterien.

Hatte ich mich selbst für die Trennung entschieden? Ja, innerlich sehr oft. Ich glaube, bestimmt an die 50 Male. Oft hatte ich mich sogar in Anwesenheit Montes schlecht gefühlt. Einen Verbleib rechtfertigt jedoch oft die klassische Angst, nach Aufkündigung einer Beziehung alleine bleiben zu müssen. Eine Trennung kann aber auch eine neue Chance in Arbeitskleidung bedeuten.

Das Finale musste kommen. Ich spürte es in meinem Innern. Dort war ich oft total blockiert. Ich verständigte mich zuweilen mit Monte nur über die Augen. Aus dem seelischen Knast befreien? Der Absprung musste kommen. Andernfalls hätte ich mich aller Wahrscheinlichkeit nach durch Zugeständnisse an Monte kleiner und kleiner gemacht, um schließlich in einer Flasche unterzukommen, die immer dann entkorkt wird, weil ich mich als Zuhörer für vernebelte Tagesbeobachtungen parat zu halten habe oder weil halt mal Sex auf dem Programm stand. Alles mit Monte Erlebtes spulte sich noch mal in meinem Kopf ab. Wenn die mit Vogelstimmen programmierte Wanduhr zwitscherte (die Uhr war ein Geschenk zum Einstand in der neuen Wohnung), parodierte Monte an mir vorbei auf die Uhr zu. „Was hast du denn mit der Uhr angestellt?" Wenn sie in ihrer Unordnung, die ein zweites Mal ihre Wohnung beherrschte, das eine oder andere nicht gleich fand: „Wo hast du denn den, die oder das wieder hingelegt?" Der Pakt mit dem Irrenhaus – für Monte anscheinend sehr witzig – degradierte mich zum Vollpfosten. Damit waren wir wieder kompatibel.

Dann war es für Monte wieder klar wie dicke Tinte. Nicht sie sei krank. Nein, der Partner gehöre längst in die Psychiatrie. Meine Mitarbeiter in unserem Betrieb waren der gleichen Meinung, womit sie – auf mich bezogen – recht hatten. Es war schon oft 5 vor 12, doch der Zeiger der Uhr blieb immer wieder stehen. Warum? Frag doch deine Gefühlswelt! Die Antwort wird nicht ausbleiben.

Lohnt es sich, eine Beziehung zu verbessern? Doch nicht aus Bequemlichkeit! Und schon gar nicht wegen Sex. Sex darf ohnehin nicht Priorität in einer harmonischen Beziehung sein.

Wir dürfen den Partner nicht als sanierungsbedürftige Person sehen, die einem das Leben madig macht. Überdies ist es gefährlich, nach Eigenschaften zu suchen, die ins Bild unserer Erwartungen passen. Monte glaubte noch bis zum Aus, mich in ihre Richtung trimmen zu können. Bereits in den ersten Wochen klang es wie ein Beweis. „Ich bringe dich schon dahin, wo ich dich haben will."

Mein größter Irrtum: Mit Liebe lässt sich alles regeln. Es ist auch ein großer Fehler, zu glauben, dass Liebe Retterfunktion ausüben könnte. Monte tat sich sehr leicht. Sie schob im Bedarfsfalle sämtliche Gefühle für mich zur Seite und ließ mich „im Regen stehen". Ich habe versucht, Monte nach jedem Neubeginn mit anderen Augen zu sehen, wenngleich Enttäuschungen großen Ausmaßes vorangingen. Wir ignorierten die verlebte Zeit. Dadurch wurde aber nichts verändert. Minus mal Minus ergibt Plus. So haben wir es auch in der Schule gelernt. Wenn sich zwei psychiatrieerfahrene Hände reichen, mag die Beziehung wohl Balance bekommen.

Was hat die kaputte Beziehung bedeutet? Mir kommt es vor wie die Finanzkrise in Griechenland, die wiederholt gepowert wurde. Nach meinem erstmaligen Weggehen waren auf beiden Seiten Monate des unglücklich Seins dazwischen. Wir alle kennen den Liebeskummer, der sich zweigleisig äußern kann – akut bei einem Seitensprung oder chronisch als permanentes Leiden. Eines muss uns klar sein. Viele Partner sind nach einem Scheitern so traumatisiert, dass sie sich nicht mehr mit offenem Herzen auf die Liebe einlassen können. Sie bleiben dann lieber unabhängig und autonom, als verletzbar zu sein.

Wird eine Beziehung das ganze Leben eingegangen? Diese Frage stellte ich mir vor meiner Heirat in Österreich, wozu ich mir gleich hinterher die Antwort dazu lieferte. „Wer heiratet, muss sich über die Scheidungsfolgen im Klaren sein." Dies wurde von meiner Verwandtschaft im Kostüm des etablierten Denkens schwer verübelt.

Um ehrlich lieben zu können, muss das ungeschminkte Ich offen gelegt werden. Aber bitte nicht schlafende Hunde wecken – so bei Monte, die jeden Kommentar aus meinen Erzählungen mit Eigenerlebnissen belegte. Wer toppte da wen mit seiner Liste? Meine als ehrliche Anliegen vorgebrachten und als Katharsis angedachten Erfahrungen sollte ich besser zurückhalten. Eifersucht war die Konsequenz. Schaute mich mal eine jüngere Frau an der Supermarktkasse wegen des Stapellaufes meiner Witze lachend an, vermutete Monte sofort, die Frau wollte halt mal von mir angelangt werden.

Ich wollte es einfach nicht wahrhaben, dass die Beziehung mit Monte eine Wunschbeziehung blieb, genau wie es unmöglich ist, einen Stern vom Himmel zu holen. Ich will auch nicht abergläubisch sein. Unser Partnerring hatte jedoch kraftvolle Bedeutung. Der Bernstein übte auf uns eine magische Anziehungskraft aus und überlebte am Finger jede Berg- und Talfahrt. Er begleitete uns überall hin. Selbst als ich aus purem Frust einen Indienflug gebucht hatte, glaubte ich, Monte zu fühlen, wenn ich am Ring drehte. Er beschützte mich während meines Rucksackurlaubes und verband mich mit Monte über Tausende von Kilometern von Herz zu Herz. Monte war für mich die wichtigste Person, weil sie mir sehr nahe stand. Aber die Wichtigkeit drängt sich spätestens dann selbst in den Hintergrund, wenn es um die eigene Gesundheit geht. Und da muss uns das Hemd näher sein als die Hose.

Ein Schlussplädoyer für alle, die meinen Text begleiten. Ein kleines „Wort zur Zukunft". Flüchtet bitte nicht in eine neue Beziehung! Damit wird der Dummheit Vorschub geleistet. Nichtaufgeräumtes wird übernommen. Und an diesen Scherben der alten Beziehung kann sich eine neue ganz gewaltig schneiden. In unserem Fall gibt es weder etwas aufzuräumen noch aufzuarbeiten. Wir beide lebten in Schieflage mit dem Fundament einer inneren Verbundenheit, die uns immer von Neuem aneinander kettete. Und ich fühle, dass es bei uns beiden immer noch so ist. Wir werden uns nie vergessen können.

ISBN 978-3-7450-6263-2

www.epubli.de